文字的历史

［法］罗伊克·勒加尔 著

［法］卡琳娜·曼桑 绘

时征 译

中信出版集团 | 北京

芦苇笔

字母印章

刻针

雕刻锥

钢笔

毛笔

刻刀

智能手机

圆珠笔

刷子

铅笔

鹅毛笔

键盘

自喷漆

起初，只是用一些简单的手势。

后来，我用手指、木棍、毛笔、羽毛笔、圆珠笔或键盘，

在地上、在墙上、在纸上或是在屏幕上，

留下印记，留下属于我的记忆。

它们可能是我的想法、我的亲身经历或是别人告诉我的事情。

我学着勾勒出一些特殊的符号，并理解它们的含义。

我学会了拼写规则，

我将我的想法组织起来，并将它们一行行地呈现在一段文字或一个页面之中……

这真是一段奇妙的冒险！一场艰苦卓绝的战役！

我能够写出我的名字，

我能够撰写一条短信、一封书信、一首诗、一篇日记、一本小说，

也能够起草一份合同、一部法律，

甚至能够编写一本字典。

我不断地书写……这是一种自我表达的方式，

一种想象力的体现，一种创造世界的途径。

我一开始书写的时候，整个故事就展开了！

阅读吧，书写吧。无论对于个人还是历史，

文字都是人类最令人痴迷的

成就之一。

目录

衣 路 雨

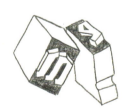

我们经常会谈到"文字的发明"，就好像文字是突然出现的一样。我们也认为，我们的历史是从这一刻开始的，因为从这一刻起，历史才被文字记录下来……在此之前，只能被称为史前时代……

然而，那些生活在史前的男男女女们在洞穴的墙壁上给我们留下了许多图案，不仅仅有野牛、猛犸、狮子，还有圆点、圆圈、叉号……这些图案都代表什么意义呢？它们是某种魔法或宗教的象征吗？

人们创造出了一些具有特定意义的图形，这些图形也在不断发展变化，当这些图形被组合起来以表达某种含义的时候，就形成了文字。但我们不能将这些史前绘画称为"文字"，因为这些图案没办法系统地表达出所有想法，也没办法转换成语言。但这并不意味着这些图案毫无意义，也不意味着未能创造出文字体系的文化就不是人类伟大历史的一部分。

文字出现之前

大约 25000 年前，男人、女人和孩子将他们的手按在洞穴的墙壁上，并用白色、红色或棕色的颜料将手的形状勾勒下来。在有些手的图案上，会缺少一两根手指，但缺少的并不总是同样的手指，不知道是折断了还是弯了起来。历史学家认为，这些手的图案具有某种特别的含义，很可能与狩猎有关。

近日，一位加拿大的研究人员对欧洲的 50 多个史前洞穴穴壁上的抽象图案进行了研究。她发现所有洞穴都相同的图案，总共有 32 个。那么，这些图案是用来做什么的呢？目前还不清楚，但这一发现引起了科学家们的极大兴趣。

芦苇之国

楔形文字

美索不达米亚这个名字最早所表达的意思是"在两条河流之间的地区"。事实上，这个地区也正好位于底格里斯河和幼发拉底河之间。这里的土地十分肥沃，黏土顺河水冲刷而下并在此沉积，水边生长出茂密的芦苇丛……这一切都需要有书吏记录下来才行！

5000 多年前，在美索不达米亚的苏美尔地区（现在的伊拉克南部），为了记住买卖或婚约的内容，为了与神灵交流，或是为了纪念一次军事胜利，人们用芦苇在一些表面光滑的小块黏土板上写下各种符号。这些芦苇的末端都被削成了楔形。

受限于记录工具的形状和用来记录信息的载体的自身特点，所有符号都由小三角形组成。书吏不断重复着相同的动作，使这些文字呈现出同质化的外观。这就是世界上最早的文字——楔形文字。之所以被赋予这样的名字，是因为这些文字都拥有"楔子的形状"。就这样，苏美尔的书吏们用他们的芦苇笔和黏土板写下了文字演变历程的第一个章节。

接下来，人类进入了古代，这段历史一直到 476 年西罗马帝国衰亡才宣告结束。

人 + 伟大的 ＝ 国王

鱼

埃及人的神圣符号

象形文字

芦苇、秃鹫、太阳……

早在公元前 3000 年的时候，埃及人就拥有了一个由图画组成的文字系统，用来证明他们与另一个世界（应是指神界或冥界）有着密切的联系。他们相信每一个图案符号都是有生命的，所以有时候在书写代表蛇的图案符号时会不写蛇头，他们认为这样蛇就不会咬人了！

每个符号都能准确地表达出它所代表的意义。不过在有些字谜之中，它也可以象征一个抽象的想法或仅仅代表一个声音。

作为掌握着文字奥秘的人，书吏在埃及社会中扮演着重要的角色。象形文字最早是指那些铭刻在神庙石壁上的神圣符号。但书吏有时也会使用一些更快捷的书写方式，例如用蘸有墨水的芦苇笔在莎草纸上所写的俗体。

埃及的文字系统非常复杂，涉及大量的符号，所以直到十九世纪，法国人让－弗朗索瓦·商博良才成功破译出了著名的罗塞达石碑上的拉美西斯和图特摩斯的名字。据说这一发现带给了商博良极大的震撼，让他足足昏迷了好几天！

罗塞达石碑是一块用三种不同文字刻了相同内容的石碑残片。也正因如此，才使破译象形文字成为可能。如今，它被保存在伦敦的大英博物馆里。

木 末

本

森

在古代，并不是只有生活
在地中海附近的人们才拥有
文字。中国也是一个拥有文字
的庞大国度，纸张就是在那里诞生
的，它的墨水也非常有名。在这个国
度，写字不仅是一门艺术，更是一门哲学。
中国最古老的文字是一些刻在龟壳上的神奇符号，
它的历史可以追溯到公元前 2000 年左右。

即便读不出来，表意文字也能够让人理解它的含义。
因此，在这个巨大国度里，人们说着 100 多种方言，
却可以通过文字理解彼此的想法。这对于国家的管理
十分方便，前提是能掌握这成千上万的符号，并能把
它们读出来。掌握将近 2000 个汉字基本可以阅读简
单的文章了，有的孩子在六岁时就能做到。

朝鲜和越南都曾经使用过汉字（不过后来放弃了），而
日本现在使用的文字也跟汉字密切相关。

在古代，中国人就懂得使用纸张，他们也一直
小心翼翼地守护着造纸的方法。直到公元八世
纪，纸张作为文字的载体才得以在阿拉伯世界
传播，并在十二世纪左右传到了欧洲。

将想法画出来
中国的表意文字

某些表意文字被称为字根，将一定的事理组合起来可以形成一个新字，可以表达新的含义。两个"木"并在一起所组成的字（即"林"），代表一片小树林。三个"木"所组成的字（即"森"），则表示一片大森林。雨在路上，就是"露"。因此，汉字的构成方式能够让读者更好地理解它的含义，并由此知道古人看待事物的方式。

雨 + 路 = 露

一个符号，一个发音

字母表

在公元前 2000 年的西奈半岛和巴勒斯坦地区，进行着一场关于文字的革命。人们不再去记录词汇的意义，而是开始只记录词汇的发音。公元前 1200 年左右，居住在今黎巴嫩和叙利亚沿海一带的腓尼基人是海上之王，他们的贸易覆盖了整个地中海地区，所以也有机会听到很多种外来语言。要怎样才能写出这些源自其他地方的物品和想法的名字呢？

原理很简单："牛"这个词读作 aleph，通常会画一个牛头来代表……那么，为什么不用这个图案来代表 [a] 这个音呢？"房屋"这个词读作 beth……就用代表它的图案来代表 [b] 这个音！

人们不再需要去画成千上万个复杂的图案，只需要代表 22 个发音的 22 个字母就可以写出所有的东西！这就是字母表的原理。

腓尼基文	拉丁文		
		A	ALEPH
		B	BETH
		K	KAPH
		M	MEM
		N	NUN

作为伟大的旅行家，腓尼基人将他们的发明在地中海地区传播开来。根据腓尼基字母，衍生出了其他语言——希伯来语、希腊语、伊特鲁里亚语、古罗马语等的字母，印度语中的很多字母也受到了它的影响。每个民族都会根据他们的语言来调整字母表，并改变字母的形状。

对于腓尼基人来说，这些符号保留下了它们之前所代表的意义：
Aleph 原指牛，
Beth 原指房屋，
Kaph 原指手，
Mem 原指大海，
Nun 原指蛇。

几何与民主

希腊的文字

在接触到腓尼基人之后，希腊人在公元前九世纪时巧妙地改编出了适合他们语言的字母表。例如，他们开始注意到元音的存在，并且能够通过句子的上下文来判断出哪些字母属于元音。此外，希腊字母的形状似乎也证明了希腊人对几何的偏爱。

最初，希腊人在写字时，若第一行是从左向右写的，那么第二行就是从右向左写的，就这样依次交替进行……而且相邻两行字母的写法是左右反转的，这种书写方式被称为牛耕式书写法，因为就好像牛在耕地一样。

后来，人们将阅读方向固定为从左向右，并开始将词与词之间用点分隔开；再后来，空格出现了。

DEGAUCHEÀDROITE
EHCUAGÀETIORDEDSIUP
COMMEUNBŒUF
PMAHCNUTNARUOBAL
C'ESTLEBOUSTROPHÉDON!

文字的发展对民主的建立将起到重要的作用。法律条文被镌刻在大理石上，它规定了公民的权利和义务，所有公民都可以阅读和查询。

犹太民族的神圣文字

希伯来语

周围的民族都受到了腓尼基字母的影响：先是阿拉米人，接着是希伯来人，不过他们采用的是适于从右向左书写的字母符号。在犹太教中，文字是神圣的。《摩西十诫》以文字的形式传递给摩西十条戒令。此外，任何关于人类形象的雕刻或绘画也都是禁止的。

犹太教《圣经》中最重要的部分是《托拉》，又称《摩西五经》，它通常会呈现为一个可以水平展开的卷轴形状。阅读和抄写这部书的内容，是犹太儿童宗教学习的一部分。当《托拉》因损坏或过于破旧而无法阅读时，人们会将它埋葬在墓地里，就像对待一个人一样。

在希伯来字母表中，每个字母都同时拥有一个数字值和一个对应符号，有点儿像密码：这就是希伯来字母代码。它是犹太教徒用来了解世界的钥匙之一。

为了规避对图像的禁令，人们创造了一种微缩文字：字母都写得非常小，这样整段文字看上去就像是一条线，而这些由文字组成的线能够构成图案！

文字在地中海周边地区得到了推广和发展。每个民族都拥有了自己的文字，他们根据自身的语言特点对文字进行了改造，赋予了文字独特的形式，并发明了不同的书写工具。后来，受到希腊字母的启发，拉丁字母出现了。

为了更好地管理他们的帝国，古罗马人在整个欧洲范围内都强行推广使用他们的字母。人们认为这种字母的形态在二世纪时已日臻完美。我们在特拉扬皇帝为庆祝他的胜利而在罗马竖起的特拉扬柱的脚下就可以一睹它的风采。这些古罗马大写字母从那个时代起就没发生过太多改动，这也成了我们现在使用的大写字母。

如今的拉丁字母表中的某些字母在古罗马文字中并不存在。

字母 J 直到中世纪才出现。当它位于一个单词的开头时，会被写成 I 的形式。而字母 U 也还没有从字母 V 中分化出来。实际上，在法语里把字母 W 读作 double V（即两个 V），而在英语里则会读作 double U（即两个 U）！在不同的地区，单词 wagon（即车厢）的发音也不一样，有些地区会读为 [vagon]，而有些地区则会读为 [uagon]。

14

征服者的字母表

古罗马大写字母

M.AGRIPPA.L.F.COS TERTIUM FECIT

字母 Z 是在一世纪左右才由 zêta（希腊字母表中的第 6 个字母）演变而来的。不过，由于发音的时候需要露出牙齿，罗马人觉得在读这个字母的时候会使面部表情看上去像一个死人，所以决定把它放到字母表的末尾！

介乎大写字母和小写字母之间

安色尔体

四世纪，罗马帝国开始信奉基督教。教徒们在修道院里不厌其烦地抄写福音书和教会经典。他们会将这些文字抄写在羊皮纸上，这是一种精心制作的小牛皮。抄写者们在这种非常光滑的特殊材质上不知疲倦地一遍遍重复抄录，渐渐使得古罗马大写字母的形状变得圆滑流畅了起来……

字母 E 的形状变得更为圆润，开始接近 e 的形状，字母 D 也是；而字母 M 更是如此，m 已经呼之欲出了。

不过，还要再耐心等一等……小写字母还没有被正式创造出来。

（可丽饼店）

在十四世纪的爱尔兰，安色尔体仍被广泛使用，它仿佛已经在那里扎下了根。今天，这种字体仍然与凯尔特文化联系在一起，布列塔尼地区的许多可丽饼店和当地庆典活动都还会使用安色尔体！

在宫殿和清真寺的建筑装饰中往往隐藏着文字。这种几何型的阿拉伯文字被称为库法体。如果你能破译出穹顶下的那幅黑色迷宫一样的图案，会发现它其实是"满怀恩典和怜悯的真神（或真主）"的意思。

曲线柔和的阿拉伯文字

六世纪，在伊斯兰教诞生前不久，阿拉伯字母在地中海的另一边诞生了，它也成了伊斯兰文明的核心。作为真主话语的载体，这些字母无处不在：不仅在《古兰经》中，在建筑、餐具、地毯、珠宝之中也能看到它们……借助宗教和贸易，阿拉伯字母得到了广泛传播，从撒哈拉沙漠一直到亚洲都可以见到它的踪影。

一些阿拉伯语之外的语言也在使用这些字母，例如伊朗的波斯语和巴基斯坦的乌尔都语都是如此，土耳其语也有很长一段时间借用了它们（直到 1928 年）。

这些字母在书写时会连成一串，字母的形状还会根据它们在单词中的位置而发生改变：同一个字母在单词开头、中间或结尾所呈现出的样子是不同的。因此，针对不同的字母组合，书法家们创造出了很多种不同的写法，每一种都具有独特的风格。

伊斯兰教对于图像所带来的诱惑保持着谨慎态度。禁止绘制人物肖像的规定以及阿拉伯字母在印刷领域所面临的技术难题都使得书法艺术得到了空前自由的发展。

希伯来字母和阿拉伯字母同根同源。两者都是从右向左书写，而且都是只书写辅音。例如，在希伯来语中，人们打招呼时会说 sh(a)l(o)m；而在阿拉伯语中，人们会说 s(a)l(a)m……但在书写的时候，都是只写 slm，意思是"和平、平安"。至于它的根源所在，我们可能会在耶路撒冷找到答案。

查理大帝的小写字母

在九世纪的欧洲，查理大帝缔造了一个庞大的帝国。在这个帝国中，不同地区的修道院里，教士们都有各自书写拉丁字母的方式，以至于一个地区所写的东西，到了另一个地区就可能很难看懂。于是，查理大帝在顾问阿尔琴的建议下，在各地推广使用一种标准的字母书写模板。这些字母是由大写字母演变而来，但书写起来可以更快更小。这些简化的字母甚至在形状上比安色尔体更圆润，仿佛它们能在一条直线上奔跑起来一样：这就是小写字母！

这种书写体被称为加洛林体，因为它的诞生可以追溯到加洛林的统治时期。为了更好地区分每一句话或每一个段落的开头，人们书写时在句首和段首保留了更稳定的大写字母形式。

？（问号）

据说，科尔比（位于亚眠附近的一个地方）的一位抄录教士希尔德马尔引用了一个符号用来标记提问的语调。那么，问号是否就是这样出现的呢？？

&（"和"字符），等等

由于在书写的文字中频繁出现，某些字母符号就会融合为一体……它们被称为连接词。最著名的一个连接词出现于九世纪。字母 e 和字母 t 相结合，组成了 et 这个词，随后就诞生了 & 这个符号，它被称为"和"字符。

在拉丁语中，et caetera desunt 的意思是"以及其他缺少的东西"。它经常被缩写为 &c. 或 &ca，意思是"等等"。

节省空间的哥特式字体

到中世纪的时候，文字书写得到了进一步发展：人们不再局限于抄录宗教经典，他们也开始传抄大量的其他内容，包括法律和历史文本、诗歌以及像关于亚瑟王的故事或《列那狐的故事》这样的传说故事。

羊皮纸很贵，必须要节省着使用才行。在书写时将字母紧密挤压在一起，字母的形状就会发生变化，看上去有些像这个时期所建造的大教堂的拱顶一样。这种字体被称为哥特式字体，它们被书写得非常规则，以至于所有的字母最终看起来都差不多。如果用尽可能紧凑的方式来书写，它们的形状看起来就像一幅完美均匀的针织品。这种字体的名字 textura 也像是在提醒我们文字（texte）和纺织品（textile）这两个词之间的亲密关系！

当字母在唱歌
希腊人曾使用一种被称为纽玛记谱法的小型符号来记录音乐。这些符号用来表示声音由低向高或由高向低的变化。

而到了中世纪，这种记谱法的书写变得复杂，并出现了线谱形式，变成了真正的乐谱。这些产生于中世纪的音符在历史进程中逐渐演变，直到十九世纪才得以完善。拉丁语国家的音符 sol 对应于英语和德语国家的字母 G，而高音谱号正是由这个字母哥特式字体的形状演变而成的！因为记谱法的出现，音乐作品中的音符和节奏才能够被准确地保存和传播，在数百年间被不断地演奏。

在字母 i 上加一个点

整段的文字让阅读者晕头转向！为了让它们读起来更加清晰，写作者改掉了用笔划"ı"来表示间隔的习惯，而字母 I 的小写上也多了一个点。这样一来，一切就都一目了然了！

23

彩饰艺术

为了标记一章的开头，人们会用红宝石色来书写文字：这是标题。有时候，人们还会把第一个字母书写得很大、很具装饰性，于是就出现了首字母下沉。

渐渐地，各种颜色和图案延伸到了页面的空白处，这也催生出了彩饰艺术。随着书籍走出修道院，这种艺术变得更加丰富了。如果说拥有一本书曾经是虔诚的象征，那么这时它也象征着财富和权力！就这样，书籍不仅仅在宗教界流通，也很快占据了贵族的圈子。那些大人物让最好的工匠使用最贵重的材料来帮他们制作书籍：黄金、珍珠母、象牙和从世界各地搜集来的颜料……体积最小的作品甚至可以随身携带。这些书籍的内容囊括了一天中不同时间段的祷告词，因此被称为时祷书。这其中最著名的一本，拥有一个很恰如其分的名字：贝里公爵的豪华时祷书。

页面空白处的魔法世界

实用的装饰

页面上的装饰在告诉读者这本书所涉及内容的同时，还能够让读者感觉赏心悦目。边框将装饰图案与被它包围的文字内容分隔开来，以便读者更深入地阅读。这些图案里点缀着相互交织的植物，比如花朵，有时也有灵兽或怪兽。整段文字的第一个字母就已经将它的内容公之于众：也许是一场狩猎，或是一场战争……这些字母都带有故事性。 第一行文字会使用安色尔体书写，文字比其他文字要稍大一些，以便引导我们进入正文。这些装饰图案使文中的场景生动地呈现在页面上。

十五世纪初，图书的需求量大增。此时，人们已经懂得使用一些大型刻章来重复制作图像和一些简短的文字内容了。在今天的德国的美因茨，一个人的发明改变了历史的进程。他借助一些活动的铅字让反复撰写和重新编辑文字成为可能。这个人就是约翰·谷登堡。他还发明了一种印刷机和一种可以附着在金属上的油性墨水。为了这些研究，他用了三十多年的时间，还花光了所有的财产。大约在 1450 年，他印刷出了 200 本《圣经》，其中一小部分印在皮革上，剩下的都印在了纸张上。谷登堡破产了，但在他死后不久，欧洲各地都开设起了印刷厂。

谷登堡的变革

排字字盘

大写字母、小写字母、重音符号、标点符号、数字……如果你把它们的位置弄错了，那就会是一场灾难！这些铅制字符都被存放在一个大抽屉里，这个大抽屉被称为排字字盘。

最常用到的小写字母都排放在字盘的底部，这样使用起来更方便……这就是为什么法国印刷领域会把小写字母称为bas-de-casse（字面意思即字盘底部）。为了使印刷出来的文字正确，用于印刷的铅字必须是反写的，就像我们在镜子里看到的字一样。

法语中的软音符

十六世纪，欧洲进入了一个思想深度革新的时期：探险家们不断探索着世界。由于印刷术的出现，书籍和新思想到处流传，科学取得了进步，宗教逐渐失去了原来的地位。这一时期被称为文艺复兴。

人们对拉丁文和哥特式字体感到了厌烦。他们希望写出来的文字更接近平时所说的语言，比如法语！到了 1539 年，弗朗索瓦一世在全国范围内强制要求在行政文书中使用法语。在此之前的一年，他创建了皇家印刷所。

在那个时代，与作家和诗人关系密切的印刷商乔佛雷·托利推动了重音符、省音符（也称省音撇或省文撇）和软音符的使用。

为了表达情感，标点符号也变得更加丰富了。查理大帝时期的文字中只包含句号、逗号和问号。而到了这一时期，感叹号出现了！！

羽毛笔的反击

当书籍的制作都交由印刷机来完成时，手写体还有什么用呢？信件、公证书、外交信函、国王敕令和教皇谕旨等文件还是会使用手写文字。这些文件通常会由一些写字非常漂亮的人来负责撰写——这些人被称为书法家。他们能够用羽毛笔熟练地书写出工整的字母，也可以将这些字母串成一串灵动圆转的连体文字……当羽毛笔重重顿下时，手上的力量会让笔尖微微张开，写出的笔画就会比较粗，这就是粗体字。当羽毛笔轻轻提起时，手上的力量也会松弛一些，以免划破纸张，写出的笔画就会变细，这就是细体字。

粗体字和细体字

使用斜切角笔尖的羽毛笔时，笔画的粗细由笔尖与纸张之间的角度来决定。想要体会到其中的奥妙，可以将两支铅笔绑在一起进行书写，然后想象一下：较粗的部分就相当于粗体，较细的部分就类似细体。

当羽毛笔在纸上翩翩起舞

在古典舞蹈流行的时代，人们尝试着记录下舞者的动作。这种对舞蹈动作的关注很早就出现了，但直到十七世纪才发明了一个真正的记录体系：弗耶舞谱。

到了二十世纪，鲁道夫·拉班发明了一种能够非常精确地记录身体所有动作的舞谱，不过这种舞谱十分复杂，没多少人有耐心用它来学习舞蹈。

Cher jules,
Je suis bien arrivé à Royan
chez mon papi et ma mamie.
Le potager a

噼里
噼里
啪啦
噼里

接连不断的变革

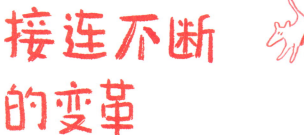

书面文字不断地扩展着自己的应用领域：诗歌、小说、戏剧，都少不了它的存在。到了十九世纪，它又出现在了报纸和广告上。在街道上，海报和标语随处可见，上面的文字形态也是各式各样。随着打字机和键盘的出现，文字不再是手写出来的了，而是敲击按键得到的结果。这些文字仍然会呈现在纸张上，但经过多个世纪的发展演变，书写工具与纸张的接触在慢慢减少，它们的角色逐渐被机器所取代。印刷技术变得越来越完善、越来越机械化、越来越自动化，文字很快就出现在了屏幕上……一开始是电影荧幕，然后是电视屏幕，电脑屏幕，如今又发展到了电话屏幕！从十九世纪到现在，这一连串技术创新简直令人难以置信。

用手指阅读：盲文

将文字用浮雕方式呈现出来的想法起源于十七世纪。起初，每个读音都会对应一组点阵。这种代码不仅供盲人使用，军人也利用这项技术在黑暗中阅读信息。1829 年，年轻的盲人路易·布莱叶改进了这个"点字"系统。改进后，点阵不再与声音相关联，而是一组点阵对应拉丁字母表中的一个字母，他还在这个微系统里加入了标点符号。

从希腊
到俄罗斯

西里尔字母

军事行动和贸易的力量大大扩展了拉丁字母的使用范围。不过，它还远没有扩展到整个世界！数以亿计的俄罗斯人如今所使用的字母源于希腊字母，它是通过东正教的传播进入到斯拉夫国家的。

为了将宗教经典翻译成斯拉夫语言，西里尔（俗名君士坦丁）在 855 年发明了这种字母，因此被称为西里尔字母。随后，沙皇彼得大帝改进了这种字母，并让它有了小写字母形式。1917 年革命后，苏联政府又对它进行了再一次的改革。到了冷战时期，西里尔字母的使用范围得到了进一步扩大，以对抗拉丁字母的存在。和宗教一样，政治也在文字的历史中扮演着重要的角色！

源于中国汉字

日本的文字

大约在七世纪时，日本和韩国通过皇帝印玺、钱币和陶器等来自中国的物品接触到了文字。

即使到了今天，日本人仍然在使用与中国表意文字相似的文字：日文汉字。不过，他们在这一文字体系中加入了两套注音符号：平假名和片假名。它们中的每一个假名都并不是在记录一个意思或一个词语，而只是标注一个读音。因此，它们也可以标注出拟声词和那些外语中的词汇。

书法艺术，可以说是日本文化的核心。不仅男性，许多女性也都很擅长书法，尤其是那些皇室中的女子。书法家的动作和笔触中结合了力与美，向外界展示一种内在的精神追求，即对"道"、对能量的掌控。

传统的日语书写方式是从上到下纵向书写的，文字顺序也是从右到左。不过，这些书写习惯也在发生着改变。现在，像英语那样从左到右横向书写文字的书籍已经很常见了。

由国王发明的文字

在文字发展方面，朝鲜所走的道路与日本不同。1446 年，为了摆脱中国的影响，并使本国的人民能够更方便地拼读识字，世宗大王为他的国家创制了一种全新的文字：训民正音。这位国王可以称得上是一位语言和语音方面的大家：除了汉语，他还会写日语、藏语和蒙古语。他所创造的文字是由字母组成的。这些字母中，有些代表元音，有些则代表辅音。它们被组合成"方块拼音"，从而构成相应的音节。而字母的形状也表明了它的读音是通过舌头、嘴唇、声门还是牙齿所发出的……这个音节系统非常紧凑和容易拼读，学习起来也很简单，很多伟大的语言学家们都对它推崇备至。

泰国、柬埔寨、缅甸，这些亚洲国家都在致力于保护和捍卫自己的文字。不过，计算机的应用和全球化的趋势常常迫使他们接受本国文字与拉丁字母共存。

（蛋糕）
（茶）

ꛀ 克什米尔语

旁遮普语

ꗂ ꖜ ꗃ 孟加拉语
古吉拉特语 印地语
奥里亚语

ꙮ 泰卢固语
卡纳达语 ꙮ 泰米尔语
马拉雅拉姆语 ꙮ

还有其他一些文字也在这里使用：古吉拉特语、泰卢固语、卡纳达语、泰米尔语……听上去可真不少。不过印度幅员辽阔，在这里，人们使用的语言有数百种之多！

每句话都像挂在绳子上

在印度，人们长期以来喜欢将新的事物记在心里，而不是把它写在纸上。学者和历史学家甚至能够记住长达好几小时的内容！对于当地人来说，背诵是一种让语言保持活力的方式，写下来的文字反而像一潭死水。不过，在南亚次大陆上却拥有数百种不同的文字。

在这些文字之中，天城文是最常用的一种。这个名字的意思是"来自众神之城的文字"。人们主要用它来拼写印地语（印度使用最广泛的语言）、梵语、尼泊尔语以及其他一些语言。天城文的每个符号都对应一个音节。字母采用从左到右的方向书写，看上去就像是被一条线从上方串联了起来。

我书写，我呐喊！

每一种文字都代表着一个民族的灵魂。当一种语言受到威胁时，或是当一种文化被其他人所操纵或蔑视时，文字往往能够帮助它保存下来，帮助它得到认可，帮助它抵制其他文化的入侵。在非洲大陆，在缠腰布、面具或房屋的装饰中都隐藏着大量的图案和符号。所以，非洲并不像有些人所想的那样，是一块没有文字的大陆。

瓦伊语

阿姆哈拉语

提非纳语

埃塞俄比亚人以其独特的历史和文化为荣，他们现在使用的阿姆哈拉语源自吉兹语的符号，这是一种有 1000 多年历史的神圣而古老的文字，它的每个符号都对应一个音节。

在一望无际的撒哈拉沙漠中，将太阳、月亮、树木和星星作为仅有地标的图阿雷格人在使用一种独特的字母：提非纳字母。近 2000 年来，人们一直在用指尖在沙地上勾画这些符号，有时也会将它们刻在树皮或岩石上。人们主要使用它来记诵诗歌，不同部落的家族间也会用它来相互致意。摩洛哥和阿尔及利亚的柏柏尔人在面对阿拉伯和西方的影响时，也会使用它来捍卫自己的文化。

到了十九世纪和二十世纪，为了对抗强迫他们放弃自己的语言而使用拉丁字母书写的殖民化，非洲有很多知识分子纷纷创造出了新的文字：来自利比里亚的莫莫洛·布格磊创造了瓦伊音节文字来书写瓦伊语（1830 年）；苏丹恩乔亚在喀麦隆推行巴蒙语（1896 年）；苏莱曼·坎泰在几内亚和马里推行恩科字母文字（1949 年）；哈桑·法耶在塞内加尔推广使用沃洛夫语（1961 年）……这些语言文字中，有一些如今仍然在使用。但因为没有政治力量的支持，它们的使用范围十分有限。

伴随着征服和技术发展的脚步，文字在美洲开启了一场从北到南的旅行，它们不断传播、变化，有时还会消失不见……然后又会在某个时候重新出现！

像埃及象形文字一样由图画组成的美丽的玛雅文字什么时候会再次出现在我们眼前？我们不得而知。那些伟大的藏书楼早已被十六世纪的征服者们洗劫一空，几个世纪的记忆就这样被抹掉了。原本成千上万的玛雅书籍，几乎什么也没有留下，这让我们在很长一段时间内都无法破译玛雅文字。不过，研究人员正在一步一步地揭开它们的神秘面纱。

为了将分散生活在阿拉斯加和格陵兰冰天雪地中的居民进行统一管理，因纽特人创造出了自己的文字系统，并在 1976 年将它确定为官方文字。如今，对于这些文字的使用似乎已变得越来越根深蒂固了。

文字穿越美洲之旅

在巴西的大城市圣保罗，人们在有些大楼的墙壁上会涂一些奇怪的涂鸦。这些涂鸦的灵感来自卢恩文字，一种已经被我们渐渐遗忘的非常古老的神秘日耳曼语符号。据说，它们是通过一个丹麦摇滚乐队的唱片封面才辗转到巴西这个国度的！

;-)

从混合中诞生

表情符号能一下子就表达出我们的心情、我们的想法、我们的职业……它们一开始是由标点符号组合而成的，但如今早已变成每个人都可以随意使用的标准化设计。我们可以通过点击输入法上的菜单来显示出这些像早期文字一样的小图案。从某种意义上来说，我们正在扭转历史的潮流！

未来，还需要书写吗？

今天，所有的一切都在加速运转，连书写这件事也有史以来第一次变成了在一瞬间就能完成的事情。我们的手指在屏幕上轻轻滑动，手机就会猜测我们想说的话，并将已经写好的词句呈现在我们面前。有时候，根本没时间重读一遍来检查拼写是否正确，也没工夫组织很长的句子来表达自己的情感。一个表情符号就足够了！ :-)

可是，慢慢地书写，一笔一画写下每一个字，难道不是为了让我们有更充足的时间来组织自己的想法、搞清楚自己想要表达的东西吗？

文字的保存也变得越来越短暂。如今，我们仍然可以看到具有 4000 年历史的楔形文字，看到刻在神庙上的铭文，看到数百年前所写的书籍和信件……可是多个世纪之后，我们的电子邮件和短信也还会存在吗？这是一场巨变。在未来，文字仍会经历一系列的变革，它的冒险历程还没有结束！

文字

这段文字之旅即将告一段落了，但还有很多东西值得我们去探索！

在世界各地，总会有一些新的字符或文字出现，也会有一些渐渐被人们所遗忘。

文字的形式可以是各种各样的：数学符号、天文符号、货币符号、密码……都可以算在内！还有些文字甚至是虚构的，仅存在于我们的梦境之中。
每个人都可以发明出属于自己的文字……
为什么不试试看呢？

图书在版编目（CIP）数据

文字的历史 / （法）罗伊克·勒加尔著 ；（法）卡琳
娜·曼桑绘 ；时征译 . -- 北京 : 中信出版社 , 2023.8
ISBN 978-7-5217-5339-4

Ⅰ . ①文… Ⅱ . ①罗… ②卡… ③时… Ⅲ . ①文字—
历史—世界 Ⅳ . ① H02

中国国家版本馆 CIP 数据核字（2023）第 029078 号

Ecrire, quelle histoire

by Loïc Le Gall, illustrated by Karine Maincent

© Editions Kilowatt, 2021 Simplified Chinese edition arranged through Dakai - L'agence.

Simplified Chinese translation copyright © 2023 by CITIC Press Corporation

ALL RIGHTS RESERVED

文字的历史

著　　者：[法] 罗伊克·勒加尔
绘　　者：[法] 卡琳娜·曼桑
译　　者：时征
出版发行：中信出版集团股份有限公司
　　　　　（北京市朝阳区东三环北路27号嘉铭中心　邮编　100020）
承 印 者：北京启航东方印刷有限公司

开　　本：889mm×1194mm　1/16　　　印　张：4　　　字　数：63千字
版　　次：2023年8月第1版　　　　　　印　次：2023年8月第1次印刷
京权图字：01-2023-1294
书　　号：ISBN 978-7-5217-5339-4
定　　价：68.00元

出　　品：中信儿童书店
图书策划：好奇岛
策划编辑：李跃娜
责任编辑：房阳
营　　销：中信童书营销中心
封面设计：刘潇然
内文排版：李艳芝